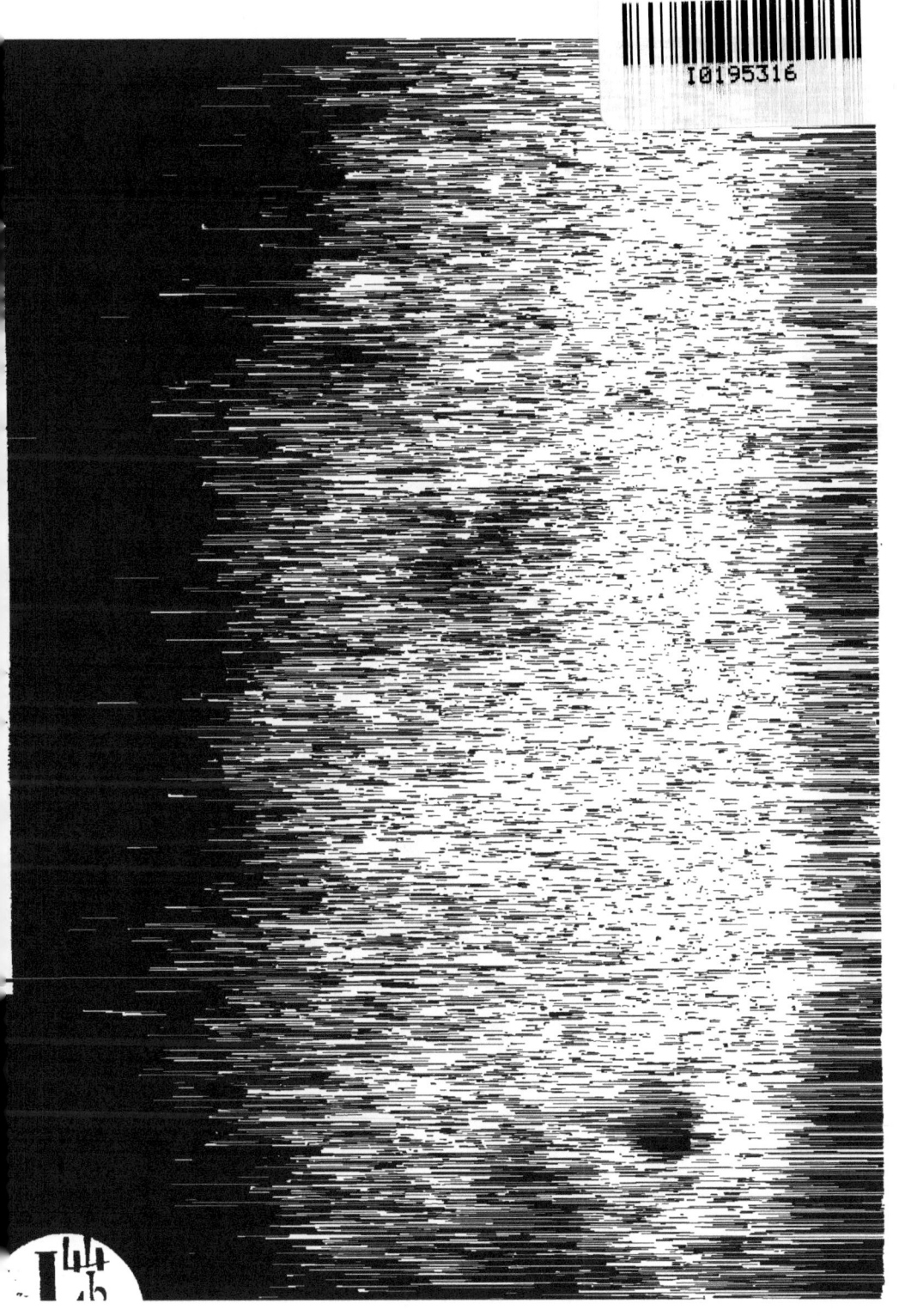

1797

LE MONITEUR
UNIVERSEL.

Jeudi 20 *Janvier* 1814.

(Les exemplaires de ce Moniteur ont été supprimés.)

INTÉRIEUR.

Paris, le 19 Janvier.

DÉCLARATION.

Le Gouvernement français vient d'arrêter une nouvelle levée de 300 mille conscrits : les motifs du sénatus-consulte renferment une provocation aux puissances alliées. Elles se trouvent appelées à promulguer de nouveau, à la face du monde, les vues qui les guident dans la présente guerre, les principes qui font la base de leur conduite, leurs vœux et leurs déterminations.

Les puissances alliées ne font point la guerre à la France, mais à cette prépondérance hautement annoncée, à cette prépondérance que, pour le malheur de l'Europe et de la France, l'Empereur Napoléon a trop long-temps exercée hors des limites de son empire.

La victoire a conduit les armées alliées sur le Rhin. Le premier usage que LL. MM. II. et RR.

ont fait de la victoire, a été d'offrir la paix à S. M. l'Empereur des Français. Une attitude renforcée par l'accession de tous les souverains et princes de l'Allemagne, n'a pas eu d'influence sur les conditions de la paix. Ces conditions sont fondées sur l'indépendance de l'Empire français, comme sur l'indépendance des autres États de l'Europe. Les vues des puissances sont justes dans leur objet, généreuses et libérales dans leur application, rassurantes pour tous, honorables pour chacun.

Les souverains alliés desirent que la France soit grande, forte et heureuse, parce que la puissance française grande et forte, est une des bases de l'édifice social. Ils desirent que la France soit heureuse, que le commerce français renaisse, que les arts, ces bienfaits de la paix, refleurissent, parce qu'un grand peuple ne saurait être tranquille qu'autant qu'il est heureux. Les puissances confirment à l'Empire français une étendue de territoire que n'a jamais connu la France sous ses rois ; parce qu'une nation valeureuse ne déchoit pas pour avoir à son tour éprouvé des revers dans une lutte opiniâtre et sanglante, où elle a combattu avec son audace accoutumée.

Mais les puissances aussi veulent être libres, heureuses et tranquilles. Elles veulent un état de paix qui, par une sage répartition des forces, par un juste équilibre, préserve désormais leurs peuples des calamités sans nombre qui depuis vingt ans ont pesé sur l'Europe.

Les puissances alliées ne poseront pas les armes sans avoir atteint ce grand et bienfaisant résultat, ce noble objets de leurs efforts. Elles ne poseront pas les armes avant que l'état politique de l'Europe ne soit de nouveau raffermi, avant que des principes immuables n'aient repris leurs droits sur de vaines prétentions, avant que la sainteté des traités n'ait enfin assuré une paix véritable à l'Europe.

Francfort, ce premier décembre 1813.

(*Extrait du Journal de Francfort, du 7 décembre 1813.*)

Proclamation adressée par le prince de Schwartzenberg, aux Français, de Lœrrack, le 21 décembre 1813.

Français,

La victoire a conduit les armées alliées sur votre frontière : elle vont la franchir.

Nous ne faisons pas la guerre à la France, mais nous repoussons loin de nous le joug que votre Gouvernement voulait imposer à nos pays, qui ont les mêmes droits à l'indépendance et au bonheur que le vôtre.

Magistrats, propriétaires, cultivateurs, restez dans vos foyers. Le maintien de l'ordre public, le respect pour les propriétés particulières, la discipline la plus sévère, marqueront le passage et le séjour des armées alliées; elles ne sont animées de nul esprit de vengeance.

D'autres principes et d'autres vues que celles qui ont conduit vos armées chez nous président aux conseils des monarques alliés. Leur gloire sera celle d'avoir amené la fin la plus prompte des malheurs de l'Europe. La seule conquête qu'elles ambitionnent est celle de la paix; mais d'une paix qui assure à leurs pays, à la France, à l'Europe, un véritable état de repos. Nous espérions la trouver avant de toucher au sol français; nous allons l'y chercher.

Au quartier-général de Lœrrack, le 21 décembre 1813.

Le général en chef de la grande armée des alliés,

Le feld-maréchal prince SCHWARTZENBERG.

(*Gazette de Francfort*, 30 décembre 1813.)

Aux habitans de la rive gauche du Rhin.

J'ai fait passer le Rhin à l'armée de Silésie pour rétablir la liberté et l'indépendance des nations, pour conquérir la paix. L'Empereur Napoléon a réuni à l'Empire français la Hollande, une partie de l'Allemagne et l'Italie; et il a déclaré qu'il ne céderait aucun village de ses conquêtes quand même l'ennemi occuperait les hauteurs qui dominent Paris.

C'est contre cette déclaration et ces principes que marchent les armées de toutes les puissances européennes.

Voulez-vous défendre ces principes? mettez-vous dans les rangs des armées de l'Empereur Napoléon, et essayez encore de combatre contre la juste cause, que la Providence protège si évidemment.

Si vous ne le voulez pas, vous trouverez protection en nous. Je vous assurerai vos propriétés. Tout habitant des villes ou des campagnes doit rester tranquille chez lui, tout employé à son poste, et continuer ses fonctions.

Du moment de l'entrée des troupes alliées toute communication avec l'Empire français devra cesser; tous ceux qui ne se conformeront pas à cet ordre, seront coupables de trahison envers les puissances alliées; ils seront traduits devant un conseil de guere et punis de mort.

De la rive gauche du Rhin, le 1.er Janvier 1814.

Signé DE BLUCHER.

Note de M. le comte de Metternich en réponse à celle de M. le duc de Bassano; datée de Dresde, le 18 août.

Prague, le 21 août 1813.

LE soussigné, ministre d'Etat et des affaires étrangères, a reçu hier l'office que S. Exc. M. le duc de Bassano lui a fait l'honneur de lui adresser le 18 août dernier.

Ce n'est pas après que la guerre a éclaté entre l'Autriche et la France, que le cabinet autrichien croit devoir relever les inculpations gratuites que renferme la note de M. le duc de Bassano. Forte de l'opinion générale, l'Autriche attend avec calme le jugement de l'Europe et celui de la postérité.

La proposition de S. M. l'Empereur des Français offrant encore à l'Empereur une lueur d'espoir de parvenir à une pacification générale, S. M. I. a cru pouvoir la saisir : en conséquence, elle a ordonné au soussigné de porter à la connaissance des cabinets russe et prussien, la demande de l'ouverture d'un Congrès, qui, pendant la guerre même, s'occuperait des moyens d'arriver à une pacification générale. LL. MM. l'Empereur Alexandre et le roi de Prusse, animés des mêmes sentimens que leur auguste allié, ont autorisé le soussigné à déclarer à S. Exc. M. le duc de Bassano que, ne pouvant point décider sur un objet d'un intérêt tout-à-fait commun, sans en avoir préalablement conféré avec les autres alliés, les trois cours vont porter incessamment à leur connaissance la proposition de la France.

Le soussigné les a chargés de transmettre, dans le délai le plus court possible, au cabinet français les ouvertures de toutes les cours alliées, en réponse à la susdite proposition.

Il a l'honneur d'offrir à S. Exc. M. le duc de Bassano l'assurance renouvellée de sa haute considération.

Signé, le comte DE METTERNICH.

Rapport de M. le baron de Saint-Aignan.

Le 26 octobre, étant depuis deux jours traité comme prisonnier à Weymar, où se trouvaient les quartiers-généraux de l'Empereur d'Autriche et de l'Empereur de Russie, je reçus ordre de partir le lendemain avec la colonne des prisonniers que l'on envoyait en Bohême. Jusqu'alors je n'avais vu personne, ni fait aucune réclamation, pensant que le titre dont j'étais revêtu réclamait de lui-même, et ayant protesté d'avance contre le traitement que j'éprouvais. Je crus cependant, dans cette circonstance, devoir écrire au prince Schwartzenberg et au comte de Metternich, pour leur représenter l'inconvenance de ce procédé. Le prince Schwartzenberg m'envoya aussitôt le comte Parr, son premier aide-de-camp, pour excuser la méprise commise à mon égard, et pour m'engager à passer soit chez lui, soit chez M. de Metternich. Je me rendis aussitôt chez ce dernier, le prince de Schwartzenberg venant de s'absenter. Le comte de Metternich me reçut avec un empressement marqué. Il me dit quelques mots seulement sur ma position dont il se chargea de me tirer, étant heureux, me dit-il, de me rendre ce service, et en même tems de témoigner l'estime que l'Empereur d'Autriche avait conçue pour le duc de Vicence ; puis il me parla du congrès, sans que rien de ma part eût provoqué cette conversation. Nous voulions sincèrement la paix, me dit-il, nous la voulons encore et nous la ferons : il ne s'agit que d'aborder franchement et sans détours, la question. La coalition restera unie. Les moyens indirects que l'Empereur Napoléon emploierait pour arriver à la paix, ne peuvent plus réussir. Que l'on s'explique franchement et elle se fera.

Aprés cette conversation, le comte de Metternich me dit de me rendre à Tœplitz où je recevrais incessamment de ses nouvelles, et qu'il espérait me voir encore à mon retour. Je partis le 27 octobre pour Tœplitz. J'y arrivai le 30, et le 2 novembre je reçus une lettre du comte de Metternich, en conséquence de laquelle je quittai Tœplitz le 3 novembre et me rendis au quartier-général de l'Empereur d'Autriche à Francfort, où j'arrivai le 8. Je fus le même jour chez M. de Metternich. Il me parla aussitôt des progrès des armées coalisées, de la révolution qui s'opérait en Allemagne, de la nécessité de faire la paix. Il me dit que les coalisés, long-tems avant la déclaration de l'Autriche, avaient salué l'Empereur François du titre d'Empereur d'Allemagne ; qu'il n'acceptait point ce titre insignifiant, et que l'Allemagne était plus à lui de cette manière qu'auparavant ; qu'il desirait que l'Empereur Napoléon fût persuadé que le plus grand calme et l'esprit de modération présidaient au conseil des coalisés ; qu'ils ne se désuniraient point : parce qu'ils voulaient conserver leur activité et leur force, et qu'ils étaient d'autant plus forts qu'ils étaient modérés ; que personne n'en voulait à la dynastie de l'Empereur Napoléon ; que l'Angleterre était bien plus modérée qu'on ne pensait ; que jamais le moment n'avait été plus favorable pour traiter avec elle ; que si l'Empereur Napoléon voulait réellement faire une paix solide, il éviterait bien des maux à l'humanité et bien des dangers à la France, en ne retardant pas les négociations ; qu'on était prêt à s'entendre ; que les idées de paix que l'on concevait, devaient donner de justes limites à la puissance de l'Angleterre, et, à la France, toute la liberté maritime qu'elle a droit de réclamer, ainsi que les autres puissances de l'Europe ; que l'Angleterre était prête à rendre à rendre à la Hollande indépendante ce qu'elle ne lui rendrait pas comme province française ; que ce que M. de Merfeldt avait été chargé de dire de la part de l'Empereur Napoléon, pouvait donner lieu aux paroles qu'on me prierait de porter ; qu'il ne me demandait que de les rendre exactement, sans y rien changer ; que l'Empereur Napoléon ne voulait point concevoir la possibilité d'un équilibre entre les puissances de l'Europe ; que cet équilibre était non-seulement possible, mais même nécessaire ; qu'on avait proposé à Dresde de prendre en indemnité des pays que l'Empereur ne possédait plus, tels que le Grand-Duché de Varsovie ; qu'on pouvait encore faire de semblables compensations dans l'occurrence actuelle.

Le 9, M. de Metternich me fit prier de me rendre chez lui, à 9 heures du soir. Il sortait de chez l'Empereur d'Autriche, et me remit la lettre de S. M. pour l'Impératrice. Il me dit que le comte Nesselrode allait venir chez lui, et que ce serait de concert avec lui qu'il me chargerait des paroles que je devais rendre à l'Empereur. Il me pria de dire au duc de Vicence qu'on lui conservait les sentimens d'estime que son noble caractère a toujours inspirés.

Peu de momens après le comte de Nesselrode entra. Il me répéta en peu de mots ce que le comte de Metternich m'avait déjà dit sur la mission dont on m'invitait à me charger, et ajouta qu'on pouvait regarder M. de Hardenberg comme présent et approuvant tout ce qui allait être dit. Alors M. de Metternich expliqua les intentions des coalisés telles que je devais les rapporter à l'Empereur. Après l'avoir entendu, je lui répondis que ne devant qu'écouter et point parler, je n'avais à faire qu'à rendre littéralement ses paroles, et que pour en être plus certain je lui demandais de les noter pour moi seul et de les lui remettre sous les yeux. Alors le comte Nesselrode ayant proposé que je fisse cette note sur-le-champ, M. de Metternich me fit passer seul dans un cabinet où j'écrivis la note ci-jointe. Lorsque je l'eus écrite, je rentrai dans l'appartement. M. de Metternich me dit : Voici lord Aberdeen, ambassadeur d'Angleterre ; nos intentions sont communes, ainsi nous pouvons continuer à nous expliquer devant lui. Il m'invita alors à lire ce que j'avais écrit. Lorsque je fus à l'article qui concerne l'Angleterre, lord Aberdeen parut ne l'avoir pas bien compris. Je le lus une seconde fois. Alors il observa que les expressions, *liberté du commerce et droits de la navigation*, étaient bien vagues. Je répondis que j'avais écrit ce que le comte de Metternich m'avait chargé de dire. M. de Metternich reprit qu'effectivement ces expressions pouvaient embrouiller la question, et qu'il valait mieux en substituer d'autres. Il prit la plume et écrivit que l'Angleterre ferait les plus grands sacrifices *pour la paix fondée sur ces bases* (celles énoncées précédemment).

J'observai que ces expressions étaient aussi vagues que celles qu'elles remplaçaient. Lord Aberdeen en convint et dit qu'il valait autant rétablir ce que j'avais écrit ; qu'il réitérait l'assurance que l'Angleterre était prête à faire les plus grands sacrifices, qu'elle possédait beaucoup, qu'elle rendrait à pleines mains. Le reste de la note ayant été trouvé conforme à ce que j'avais entendu, on parla de choses indifférentes.

Le prince Schwartzenberg entra et on lui répéta tout ce qui avait été dit. Le comte Nesselrode qui s'était absenté un moment pendant cette conversation, revint et me chargea de la part de l'Empereur Alexandre de dire au duc de Vicence qu'il ne changerait jamais sur l'opinion qu'il avait de sa loyauté et de son caractère, et que les choses s'arrangeraient bien vite s'il était chargé d'une négociation.

Je devais partir le lendemain matin, 10 novembre; mais le prince de Schwartzenberg me fit prier de différer jusqu'au soir, n'ayant pas eu le tems d'écrire au prince de Neufchâtel.

Dans la nuit il m'envoya le comte Voyna, un de ses aides-de-camp, qui me remit sa lettre et me conduisit aux avant-postes français. J'arrivai à Mayence, le 11 matin.

Signé, SAINT-AIGNAN.

Note écrite à Francfort le 9 novembre, par M. le baron de Saint-Aignan.

M. le comte de Metternich m'a dit que la circonstance qui m'a amené au quartier-général de l'Empereur d'Autriche, pouvait rendre convenable de me charger de porter à S. M. l'Empereur la réponse aux propositions qu'elle a fait faire par M. le comte de Merveldt. En conséquence, M. le comte de Metternich et M. le comte de Nesselrode m'ont demandé de rapporter à S. M.

Que les puissances coalisées étaient engagées par des liens indissolubles qui faisaient leur force, et dont elles ne dévieraient jamais ;

Que les engagemens réciproques qu'elles avaient contractés leur avaient fait prendre la résolution de ne faire qu'une paix générale. Que lors du congrès de Prague, on avait pu penser à une paix continentale, parce que les circonstances n'auraient pas donné le tems de s'entendre pour traiter autrement ; mais que depuis, les intentions de toutes les puissances et celles de l'Angleterre étaient connues ; qu'ainsi il était inutile de penser, soit à un armistice, soit à une négociation qui n'eût pas pour premier principe une paix générale ;

Que les souverains coalisés étaient unanimement d'accord sur la puissance et la prépondérance que la France doit conserver dans son intégrité, et en se renfermant dans ses limites naturelles, qui sont le Rhin, les Alpes et les Pyrénées ;

Que le principe de l'indépendance de l'Allemagne était une condition *sine quâ non*. Qu'ainsi la France devait renoncer, non pas à l'influence que tout grand Etat exerce nécessairement sur un Etat de force inférieure, mais à toute souveraineté sur l'Allemagne ; que d'ailleurs c'était un principe que S. M. avait posé elle-même en disant qu'il était convenable que les grandes puissances fussent séparées par des Etats plus faibles ;

Que du côté des Pyrénées, l'indépendance de l'Espagne et le rétablissement de l'ancienne dynastie étaient également une condition *sine quâ non*;

Qu'en Italie l'Autriche devait avoir une frontière qui serait un objet de négociation; que le Piémont offrait plusieurs lignes que l'on pourrait discuter, ainsi que l'état de l'Italie, pourvu toutefois qu'elle fût comme l'Allemagne, gouvernée d'une manière indépendante de la France ou de toute autre puissance prépondérante;

Que de même l'état de la Hollande serait un objet de négociation, en partant toujours du principe qu'elle devait être indépendante.

Que l'Angleterre était prête à faire les plus grands sacrifices pour la paix fondée sur ces bases, et à reconnaître la liberté du commerce et de la navigation à laquelle la France a droit de prétendre.

Que si ces principes d'une pacification générale étaient agréés par S. M., on pourrait neutraliser sur la rive droite du Rhin, tel lieu qu'on jugerait convenable, où les plénipotentiaires de toutes les puissances belligérantes se rendraient sur-le-champ, sans cependant que les négociations suspendissent le cours des opérations militaires.

A Francfort, le 9 novembre 1813.

Signé, SAINT-AIGNAN.

Lettre de M. le duc de Bassano à M. le comte de Metternich.

Paris, le 16 novembre 1813.

Monsieur,

M. le baron de Saint-Aignan est arrivé hier lundi, et nous a rapporté, d'après les communications qui lui ont été faites par V. Excellence, que l'Angleterre a adhéré à la proposition de l'ouverture d'un congrès pour la paix générale, et que les puissances sont disposées à neutraliser sur la rive droite du Rhin une ville pour la réunion des plénipotentiaires. S. M. desire que cette ville soit celle de Manheim. M. le duc de Vicence, qu'elle a désigné pour son plénipotentiaire, s'y rendra aussitôt que V. Exc. m'aura fait connaître le jour que les puissances auront indiqué pour l'ouverture du congrès.

Il nous parait convenable, Monsieur, et conforme d'ailleurs à l'usage, qu'il n'y ait aucune troupe à Manheim, et que le service soit fait par la bourgeoisie, en même temps que la police y serait confiée à un bailli nommé par le grand-duc de Bade. Si l'on jugeait à propos qu'il y eût des piquets de cavalerie, leur force devrait être égale de part et d'autre. Quant aux communications du plénipotentiaire anglais avec son gouvernement, elles pourraient avoir lieu par la France et par Calais.

Une paix, sur la base de l'indépendance de

toutes les nations, tant sous le point de vue continental que sous le point de vue maritime, a été l'objet constant des desirs politiques de l'Empereur.

S. M. conçoit un heureux augure du rapport qu'a fait M. de Saint-Aignan, de ce qui a été dit par le ministre d'Angleterre.

J'ai l'honneur d'offrir à V. Exc. l'assurance de ma haute considération.

Signé, le duc de Bassano.

Réponse de M. le prince de Metternich à M. le duc de Bassano.

Monsieur le duc,

Le courrier que V. Exc. a expédié de Paris, le 16 novembre, est arrivé ici hier.

Je me suis empressé de soumettre à LL. MM. II. et à S. M. le roi de Prusse la lettre qu'elle m'a fait l'honneur de m'adresser.

LL. MM. ont vu avec satisfaction que l'entretien confidentiel avec M. de Saint-Aignan a été regardé par S. M. l'Empereur des Français comme une preuve des intentions pacifiques des hautes puissances alliées; animées d'un même esprit, invariables dans leur point de vue, et indissolubles dans leur alliance, elles sont prêtes à entrer en négociation dès qu'elles auront la certitude que S. M. l'Empereur des Français admet les bases générales et sommaires que j'ai indiquées dans mon entretien avec le baron de Saint-Aignan.

Dans la lettre de V. Exc., cependant il n'est fait aucune mention de ces bases. Elle se borne à exprimer un principe partagé par tous les gouvernemens de l'Europe, et que tous placent dans la première ligne de leurs vœux. Ce principe toutefois ne saurait, vu sa généralité, remplacer des bases. LL. MM. desirent que S. M. l'Empereur Napoléon veuille s'expliquer sur ces dernières, comme seul moyen d'éviter que, dès l'ouverture des négociations, d'insurmontables difficultés n'en entravent la marche.

Le choix de la ville de Manheim semble ne pas présenter d'obstacles aux alliés. Sa neutralisation et les mesures de police entièrement conformes aux usages que propose S. Exc., ne sauraient en offrir dans aucun cas.

Agréez, Monsieur le duc, les assurances de ma haute considération.

Francfort-sur-le-Mein, le 25 novembre 1813.

Signé, le prince de METTERNICH.

Lettre de M. le duc de Vicence au Prince de Metternich.

Paris, le 2 décembre 1813.

Prince,

J'ai mis sous les yeux de S. M. la lettre que V. Exc. adressait, le 25 novembre, à M. le duc de Bassano.

En admettant sans restriction, comme base de

la paix, l'indépendance de toutes les nations, tant sous le rapport territorial que sous le rapport maritime, la France a admis en principe ce que les alliés paraissent desirer; S. M. a, par cela même, admis toutes les conséquences de ce principe, dont le résultat final doit être une paix fondée sur l'équilibre de l'Europe, sur la reconnaissance de l'intégrité de toutes les nations dans leurs limites naturelles, et sur la reconnaissance de l'indépendance absolue de tous les Etats, tellement qu'aucun ne puisse s'arroger, sur un autre quelconque, ni suzeraineté, ni suprématie, sous quelque forme que ce soit, ni sur terre ni sur mer.

Toutefois, c'est avec une vive satisfaction que j'annonce à V. Exc. que je suis autorisé par l'Empereur, mon auguste maître, à déclarer que S. M. adhère aux *bases générales et sommaires* qui ont été communiquées par M. de Saint-Aignan : elles entraîneront de grands sacrifices de la part de la France, mais S. M. les fera sans regret, si, par des sacrifices semblables, l'Angleterre donne les moyens d'arriver à une paix générale et honorable pour tous, que V. Exc. assure être le vœu, non-seulement des puissances du continent, mais aussi de l'Angleterre.

Agréez, Prince, etc.

Signé, Caulincourt, *duc de Vicence.*

Réponse de M. le prince de Metternich à M. le duc de Vicence.

Monsieur le duc,

L'office que V. Exc. m'a fait l'honneur de m'adresser le 2 décembre, m'est parvenu de Cassel par nos avant-postes. Je n'ai pas différé de le soumettre à LL. MM. Elles y ont reconnu avec satisfaction que S. M. l'Empereur des Français avait adopté des bases essentielles au rétablissement d'un état d'équilibre et à la tranquillité future de l'Europe. Elles ont voulu que cette pièce fût portée sans délai à la connaissance de leurs alliés. LL. MM. II. et RR. ne doutent point qu'immédiatement après la réception des réponses, les négociations ne puissent s'ouvrir.

Nous nous empressons d'avoir l'honneur d'en informer V. Exc., et de concerter avec elle les arrangemens qui nous paraitront les plus propres à atteindre le but que nous nous proposons.

Je la prie de recevoir les assurances de la haute considération, etc.

Francfort-sur-le-Mein, le 10 décembre 1813.

Signé, le prince de METTERNICH.

Lettre de M. le duc de Vicence à M. le prince de Metternich.

Lunéville, le 6 Janvier 1814.

Prince,

La lettre que V. Exc. m'a fait l'honneur de m'écrire le 10 du mois dernier m'est parvenue.

L'Empereur ne veut rien préjuger sur les motifs qui ont fait que son adhésion pleine et entière aux bases que V. Exc. a proposées d'un commun accord avec les ministres de Russie et d'Angleterre, et de l'aveu de la Prusse, ait eu besoin d'être communiquée aux alliés avant l'ouverture du congrès. Il est difficile de penser que lord Aberdeen ait eu des pouvoirs pour proposer des bases sans en avoir pour négocier. S. M. ne fait point aux alliés l'injure de croire qu'ils aient été incertains et qu'ils délibèrent encore. Ils savent trop bien que toute offre conditionnelle devient un engagement absolu pour celui qui l'a faite, dès que la condition qu'il y a mise est remplie.

Dans tous les cas, nous devions nous attendre à avoir le 6 janvier la réponse que V. Exc. nous annonçait le 10 décembre. Sa correspondance et les déclarations réitérées des puissances alliées ne nous laissent point prévoir de difficultés, et les rapports de M. de Talleyrand à son retour de Suisse, confirment que leurs intentions sont toujours les mêmes.

D'où peuvent donc provenir les retards? S. M. n'ayant rien plus à cœur que le prompt rétablissement de la paix générale, a pensé qu'elle ne pouvait donner une plus forte preuve de la sincérité de ses sentimens à cet égard qu'en envoyant auprès des souverains alliés son ministre des relations extérieures, muni de pleins-pou-

Je m'empresse donc, prince, de vous prévenir que j'attendrai à nos avant-postes les passe-ports nécessaires pour traverser ceux des armées alliées, et me rendre auprès de V. Exc.

Agréez, etc.

Signé, CAULAINCOURT, *duc de Vicence.*

Réponse du prince de Metternich à M. le duc de Vicence.

Fribourg en Brisgau, le 8 Janvier 1814.

Monsieur le duc,

J'ai reçu aujourd'hui la lettre que V. Exc. m'a fait l'honneur de m'adresser de Lunéville le 6 de ce mois.

Le retard qu'éprouve la communication que le Gouvernement français attendait en suite de mon office du 10 décembre, résulte de la marche que devaient tenir entr'elles les puissances alliées. Les explications confidentielles avec M. le Baron de Saint-Agnan ayant conduit à des ouvertures officielles de la part de la France, LL. MM. II. et RR. ont jugé que la réponse de V. Exc., du 2 décembre, était de nature à devoir être portée à la connaissance de leurs alliés. Les suppositions que V. Exc. admet que ce soit lord Aberdeen qui ait proposé des bases, et qu'il ait été muni de pleins pouvoirs à cet effet, ne sont nullement fondées.

La cour de Londres vient de faire partir pour le Continent le secrétaire d'état ayant le département des affaires étrangères. Sa M. I. de toutes les Russies, se trouvant momentanément éloignée d'ici, et lord Castlereagh étant attendu d'un moment à l'autre, l'Empereur, mon auguste maître, et S. M. le roi de Prusse, me chargent de prévenir V. Exc. qu'elle recevra le plutôt possible une réponse à sa proposition de se rendre au quartier-général des souverains alliés.

Je prie V. Exc., etc.

Signé, le prince DE METTERNICH.

Hier 18 janvier, c'est-à-dire dix jours après la réponse de M. le prince de Metternich, M. le duc de Vicence était encore aux avant-postes.

A TROYES, de l'Imprimerie de SAINTON, Fils, Imprimeur de la Préfecture de l'Aube.

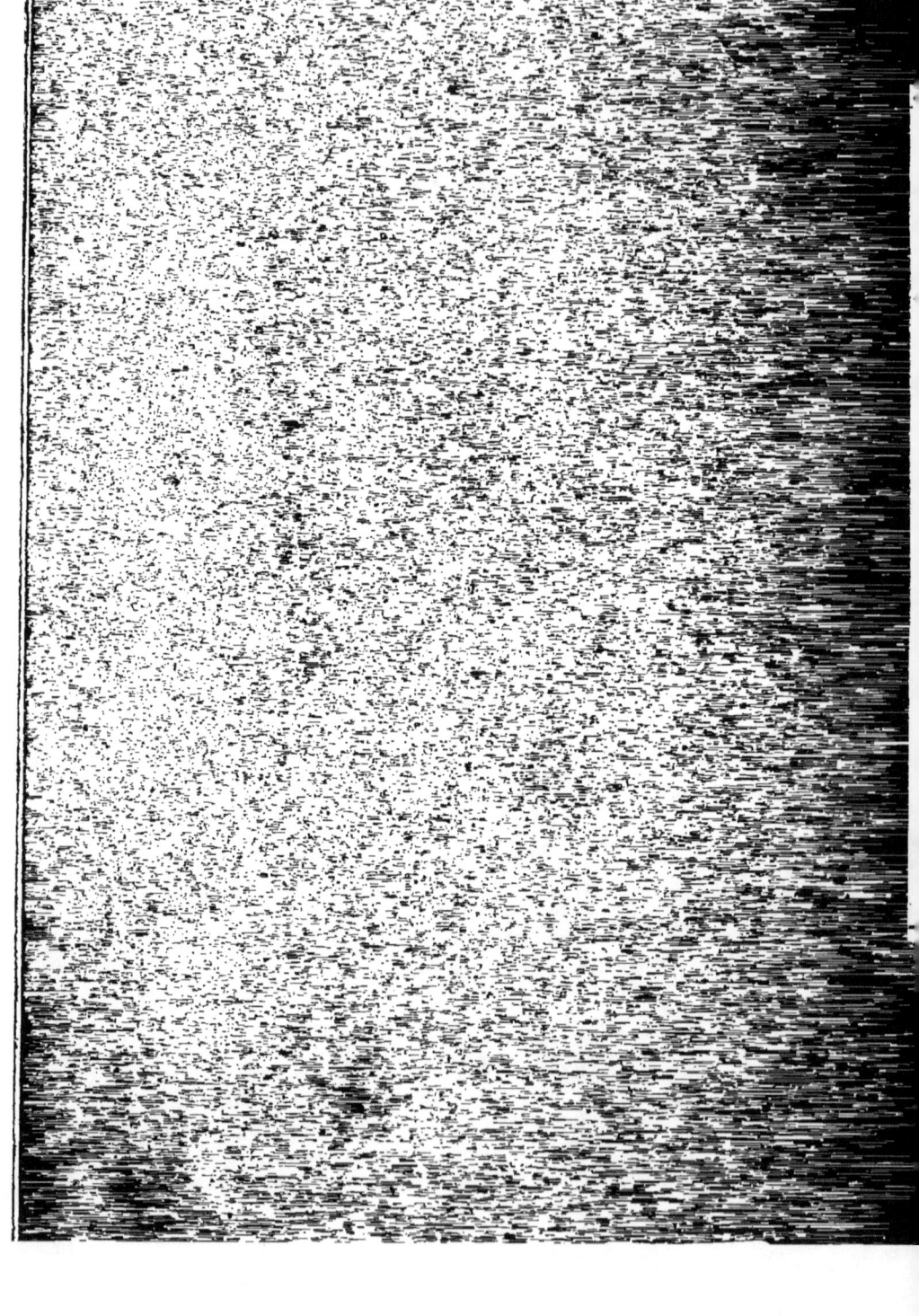

www.ingramcontent.com/pod-product-compliance
Lightning Source LLC
Chambersburg PA
CBHW060615050426
42451CB00012B/2259